EDICIÓN PATHFINDER

Por Susan E. Goodman y Mimi Mortezai

CONTENIDO

2   Arte antiguo

8   Historias en piedra

12   Verificación de conceptos

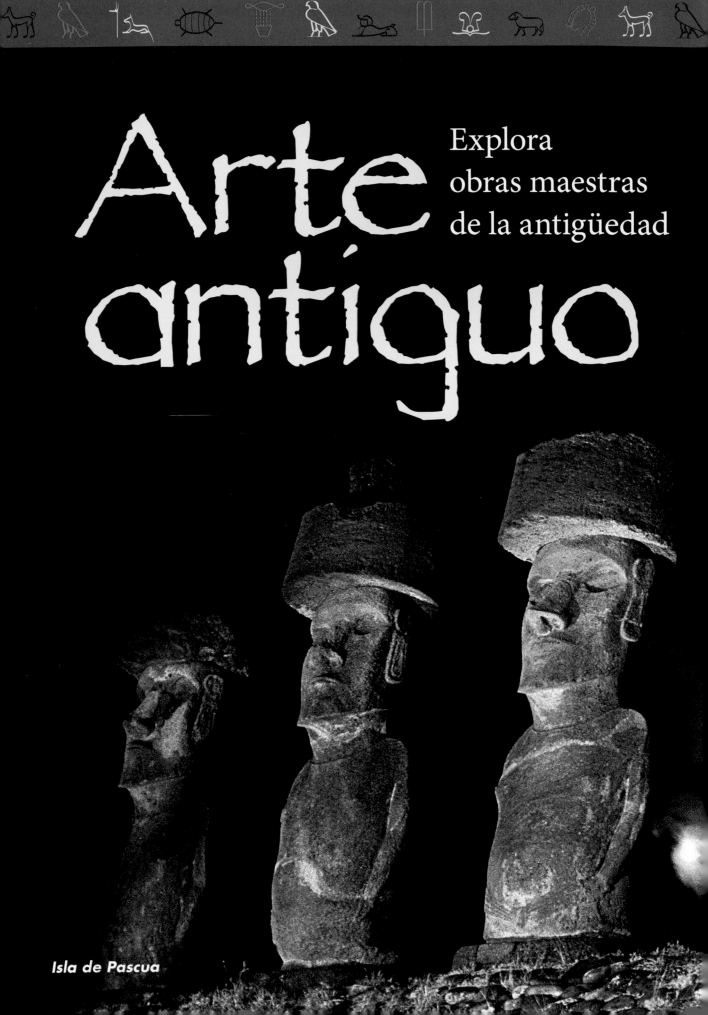

Arte antiguo

Explora
obras maestras
de la antigüedad

Isla de Pascua

Por Susan E. Goodman

Desde África a Europa y de allí a una isla remota, los arqueólogos han encontrado gran cantidad de obras de arte antiguas.

El arte ayuda a los arqueólogos, o científicos que estudian el pasado, a obtener información sobre la vida en tiempos remotos y comprender las culturas de la antigüedad. Una cultura es el modo de vida de la gente. Incluye el arte, la vestimenta, las edificaciones, la música, las herramientas y todo lo demás que hace la gente.

El arte ha formado parte de la cultura desde hace mucho tiempo. Nadie sabe quién realizó la primera obra de arte. Una de las piezas más antiguas es un grabado en piedra descubierto en África que tiene aproximadamente 70.000 años de antigüedad.

En ese entonces, muchas personas vivían en cuevas. Cazaban animales y recolectaban plantas. Fabricaban y usaban herramientas de piedra.

A ese período se lo conoce como la **Edad de Piedra** y abarcó muchos miles de años. Hasta no hace mucho, algunas personas aún continuaban fabricando herramientas de piedra.

Las personas de la Edad de Piedra creaban gran parte de su arte usando piedras. El arte era una forma de contar historias y expresar **ideas**. En el presente, esas historias e ideas son un **misterio**, pero el arte nos da un indicio de sus significados.

Emprendamos un viaje para ver algunos ejemplos de arte antiguo. Para eso, tendremos que recorrer todo el mundo. En nuestra primera parada visitaremos una profunda caverna de Francia.

Periódico en piedra, Utah

3

Arte subterráneo

En el sur de Francia abundan las cavernas. Durante la Edad de Piedra, la gente solía vivir en ellas. Estas cavernas eran más que hogares; también eran **estudios** de arte.

Encontrarás pinturas en más de 130 de estas cavernas. Muchas de sus paredes están repletas de imágenes de bestias prehistóricas. Caballos salvajes pasan galopando frente a manadas de bisontes que pastan. Los hambrientos cazadores atacan mamuts mientras los rinocerontes los observan.

Algunas de estas pinturas tienen aproximadamente 32.000 años de edad. Mucho ha cambiado desde entonces. Por ejemplo, en Francia ya no hay rinocerontes, y los mamuts se extinguieron hace mucho tiempo.

Los artistas antiguos que realizaron estas imágenes tenían mucho más que hacer que solo dibujar. No podían ir a la tienda a comprar materiales de arte. Tenían que fabricar todo lo que usaban.

Molían el carbón y la arcilla hasta obtener un polvo muy fino. Luego mezclaban ese polvo con agua para hacer pintura. Convertían plumas y pelo en pinceles. Claramente, estos artistas sabían lo que estaban haciendo. Gracias a eso, sus muchas pinturas han superado la prueba del tiempo.

Círculos de piedra

Stonehenge es un gran círculo de piedras ubicado en el sur de Inglaterra. Nadie sabe a ciencia cierta quién lo construyó, pero eso no ha evitado que la gente trate de adivinarlo.

Hace cientos de años, algunas personas pensaban que era obra de gigantes, mientras que otros creían que Merlín, un mago famoso, usó su magia para reunir las piedras.

En la actualidad sabemos que no fue así. Ni la magia ni los gigantes colocaron esas enormes piedras en círculo. Personas de carne y hueso comenzaron a construir Stonehenge hace aproximadamente 5.000 años, pero no lo hicieron de la noche a la mañana. Trabajaron en Stonehenge durante casi 2.000 años.

Los antiguos constructores comenzaron Stonehenge cavando un enorme foso redondo del tamaño de un campo de fútbol.

Luego, colocaron dos círculos de piedras dentro del foso. Más tarde, se agregaron otras piedras. Se necesitaron 400 trabajadores para mover cada piedra.

La más importante de estas piedras es la Piedra Talón. Podrás ver el motivo si visitas Stonehenge en determinados períodos del año.

El sol se eleva sobre la Piedra Talón el día más largo del año, llamado el solsticio de verano. El sol se pone sobre la piedra el día más corto del año, o solsticio de invierno.

La forma en la cual los antiguos constructores usaban Stonehenge aún continúa siendo un misterio. Es probable que la gente lo haya utilizado como un calendario gigantesco. También es posible que hayan usado estas enormes piedras para estudiar las estrellas y los planetas.

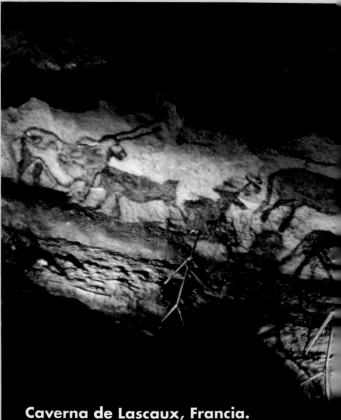

Caverna de Lascaux, Francia.
Los artistas pintaron sobre las paredes de esta caverna hace más de 17.000 años.

Stonehenge, Inglaterra. *Cada una de estas grandes piedras pesa aproximadamente 26 toneladas.*

Isla de Pascua, Océano Pacífico.
Cientos de estatuas gigantescas se elevan en la Isla de Pascua. Algunas miden 20 pies de alto.

Líneas de Nazca, Perú.
¿Por qué hicieron estas imágenes gigantescas los indios nazcas? Nadie lo sabe.

Tierra de gigantes

Otras piedras gigantescas se elevan en la Isla de Pascua. Estas piedras son **estatuas** de personas. Algunas solo miden 6 pies y otras tienen 20 pies de alto.

Estas estatuas no pertenecen a la Edad de Piedra. Los artistas grabaron las formas de caras y cuerpos en las rocas hace aproximadamente 1.000 años.

El grabado de las rocas no fue fácil, aunque no fue la parte más difícil. Había que mover las figuras luego de que las terminaran los artistas. Los encargados de desplazarlas transportaron algunas rocas a lo largo de varias millas. Y no eran livianas. ¡Algunas rocas pesan casi lo mismo que 50 elefantes juntos!

¿Cómo movieron las rocas? Nadie lo sabe. Algunos arqueólogos afirman que colocaron las estatuas en enormes trineos de madera. Luego, los trabajadores empujaban los trineos sobre rodillos de madera.

Después ponían cada estatua en posición vertical. Las estatuas continúan custodiando la isla hasta la actualidad.

Líneas en la arena

Nuestra próxima parada es en una planicie en Perú. A primera vista, esta planicie se parece a muchas otras con una gran porción de terreno llano.

Espera. Si miramos más atentamente, podemos ver largas líneas grabadas en el suelo. Algunas son rectas y otras curvas. Una de ellas mide más de siete millas de largo. Desde la tierra, no parecen tener ningún sentido.

Si volamos sobre la llanura, vemos que muchas de las líneas se juntan. Forman figuras.

Podemos ver un mono del tamaño de un campo de fútbol y un lagarto tan grande como dos campos de fútbol.

Los indígenas de Nazca dibujaron estas figuras hace más de 1.500 años. Para hacer cada imagen, retiraron la grava suelta. El suelo debajo de la grava tiene un color más claro. Ese contraste hace que se destaquen las líneas.

Nadie sabe el motivo que llevó a los nazcas a hacer estos dibujos. Del mismo modo que las estatuas de la Isla de Pascua, Stonehenge y el arte antiguo en las cavernas, los dibujos de Nazca nos despiertan muchas incógnitas.

Quizás ese sea el verdadero secreto de las grandes obras de arte. Nos hacen pensar y hacernos preguntas.

Vocabulario

antiguo: que pertenece a un pasado lejano

Edad de Piedra: período en el cual la gente utilizaba principalmente herramientas de piedra

estatua: una imagen hecha de piedra o metal

estudio: sala donde alguien crea arte

idea: lo que alguien piensa con respecto a algo

misterio: algo que no puedes explicar

Historias en PIEDRA

Por Mimi Mortezai

DICEN QUE UNA IMAGEN vale más que mil palabras. Cuando miras una pintura, ¿qué historia te transmite? En todo el mundo y en cada cultura, el arte ha otorgado a las personas el poder de comunicarse visualmente. Esta costumbre comenzó hace miles de años con el arte rupestre.

Las personas que vivieron hace mucho tiempo usaban el arte rupestre para comunicarse entre ellos y contar historias. Usaban símbolos llamados petroglifos, o grabados en roca, para transmitir mensajes e ideas. Los arqueólogos han estado estudiando estos símbolos por cientos de años. Sin embargo, la mayoría de sus significados continúan siendo un misterio.

¿En qué lugar del mundo?

Las personas han creado arte rupestre en todas partes del mundo. A continuación se mencionan algunos ejemplos.

Carschenna, Suiza.

Parque Nacional de los Arcos, Utah.

Pu'u Loa, Hawái.

Parque Nacional de los Arcos, Utah.
Algunos petroglifos transmiten ideas familiares, como escenas de caza, una oveja o un caballo y su jinete.

Pu'u Loa, Hawái. *Cuando las familias viajaban a Pu'u Loa, grababan petroglifos para dejar un registro de la visita. Un círculo con un punto significa un primer hijo que nació sano. Estos petroglifos muestran que los hawaianos antiguos se preocupaban por el bienestar de los otros.*

Carschenna, Suiza. *Otros petroglifos están formados por símbolos y formas crípticas. La gente cree que pueden ser mapas, senderos, información sobre viajes o formas de transmitir mensajes.*

Conexión informática

¿Qué pasa cuando se combinan los símbolos antiguos con la tecnología informática más moderna? Se hacen descubrimientos.

La tecnología informática ha proporcionado una visión diferente sobre estos símbolos antiguos. Eamonn Keogh, receptor de la beca National Geographic Society/ Waitt, es un experto en informática. Utiliza las computadoras para estudiar muchas cosas, como por ejemplo, mosquitos, puntas de flecha

Buscando coincidencias. *Keogh busca similitudes en el arte rupestre e imágenes repetidas que se conocen como motivos.*

y huellas digitales. Ingresa cantidades enormes de datos, o información, en las computadoras.

Luego, Keogh usa las computadoras para encontrar patrones y relaciones entre esos datos. Buscar estas conexiones es como buscar oro en una mina. Es un proceso denominado minería de datos.

Keogh utiliza la minería de datos para comparar los símbolos de diferentes culturas antiguas de diversas partes del mundo. Al encontrar relaciones entre estos símbolos, él y otros investigadores pueden aprender más sobre los pueblos antiguos.

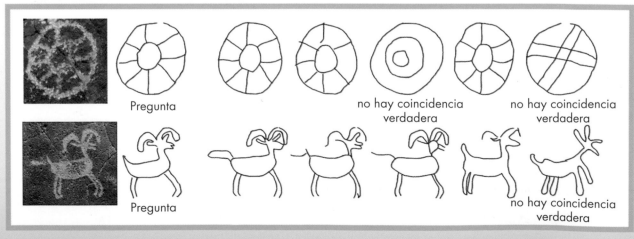

Pregunta

no hay coincidencia verdadera

no hay coincidencia verdadera

Pregunta

no hay coincidencia verdadera

¿Símbolos similares?

Muchas culturas tienen un símbolo que representa al sol. ¿Cuáles son las similitudes que notas? ¿Cuáles son algunas de las diferencias que ves?

| Símbolo común del sol que se encuentra en varias culturas. | China | Perú, probablemente incaico | Región de Mohenjo Daro (actualmente Paquistán) | Región de Éufrates-Tigris (hoy en día, Irak) |

La historia de la vida

El arte ha jugado un papel muy importante en todas las culturas. Cuenta la historia de un pueblo y su cultura. El estudio de las imágenes nos puede develar cuán similares son las experiencias y las ideas entre culturas. Las imágenes también nos muestran aquello que hace que una cultura sea única o diferente a las demás. Podemos aprender mucho sobre el mundo y los pueblos que lo habitan comparando imágenes y descubriendo patrones. La próxima vez que veas un símbolo o una pintura, piensa en lo que te está diciendo.

¿Cuál es la historia? *Puedes deducir mucho de una cultura a través del estudio de su arte. ¿Qué te dice esta imagen?*

11

Rocas artísticas

Responde las siguientes preguntas para evaluar lo que has aprendido sobre el arte antiguo.

1. ¿Para qué se usaba el arte antiguo? ¿Por qué lo estudian los arqueólogos?

2. ¿Qué animales pintaban los artistas en las paredes de las cavernas en Francia? ¿Qué tienen de inusual?

3. Imagina que puedes observar a los artistas esculpiendo y transportando las gigantescas estatuas de la Isla de Pascua. ¿Qué verías y escucharías?

4. Formula dos preguntas que tengas sobre el arte rupestre. ¿Dónde puedes buscar para encontrar las respuestas?

5. ¿Cómo utiliza Eamonn Keogh las computadoras para estudiar el arte antiguo?